AF585818

NOUVELLE ROUTE

POUR LA CALIFORNIE

ET

DE LA COLONISATION DE COSTA-RICA,

Par l'auteur de *Quinze ans de Voyage autour du Monde.*

15 centimes.

CHEZ DAUVIN ET FONTAINE,
35, passage des Panoramas, et galerie de la Bourse,
A PARIS.

Extrait de la *Revue des Intérêts maritimes et du Commerce extérieur*, n° 6, 15 septembre 1850.

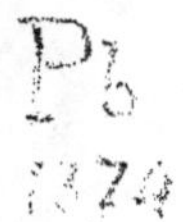

Paris, imprimerie de Paul Dupont, rue de Grenelle-Saint-Honoré, 55.

NOUVELLE ROUTE

POUR LA CALIFORNIE

ET

DE LA COLONISATION DE COSTA-RICA.

Extrait de la *Revue des Intérêts maritimes*, 15 septembre 1850.

L'émigration européenne, qui depuis 1816 a suivi le courant qui l'entraînait vers les États-Unis d'Amérique, a pris une direction nouvelle depuis la découverte des mines d'or de la Californie. Quelques émigrants suivent encore la voie péniblement tracée par leurs prédécesseurs, mais le plus grand nombre attirés par l'appât des richesses métalliques, si facilement réalisables, se décident, soit à doubler le cap Horn pour atteindre la Californie, après cinq à six mois de navigation, soit à traverser l'isthme américain de Chagres à Panama, malgré les difficultés de plus d'un genre que l'on rencontre encore dans ce voyage.

On s'occupe, il est vrai, de construire un chemin de fer à Panama, on veut ouvrir un canal à Nicaragua; mais ce chemin de fer ne sera pas fait avant cinq ans, et ce canal ne sera pas creusé avant dix ans, et d'ici là les voyages de Californie se feront en cinq ou six mois par le cap Horn, au prix de 8 à 900 francs, ou par Chagres et Panama, avec des difficultés et des frais considérables.

Cependant, une autre voie, bientôt praticable, ouverte dans l'État de Costa-Rica, viendra prochainement faciliter ce mouvement d'émigration.

En décrivant les avantages et les inconvénients des diverses voies de communications entre l'Atlantique et le Pacifique, en notant les différences climatériques et les difficultés de voyage, nous n'avons nullement pour but de décourager telles ou telles entreprises, d'abaisser les mérites de telle ou telle route, car nous croyons qu'elles ont toutes leur utilité spéciale, qu'elles favoriseront au plus haut degré le développement du commerce maritime du monde, et qu'elles seront, en un mot, autant de bienfaits pour l'humanité.

L'État de Costa-Rica, dans la partie sud duquel se trouve la nouvelle route que nous voulons décrire, faisait, autrefois, partie de l'Union centrale américaine : depuis l'extinction du gouvernement fédéral, c'est-à-dire depuis dix ans, il est devenu indépendant et s'est proclamé république libre et souveraine. Sa nouvelle condition politique a été reconnue par diverses puissances, et des traités d'amitié et de commerce ont été conclus avec la France, la Grande-Bretagne, les villes anséatiques, Guatemala et Honduras. L'Espagne, le Saint-Siége et les Deux-Siciles ont aussi reconnu son indépendance et son existence politique.

Le nom de Costa-Rica fut donné à cette partie de l'isthme par les premiers Espagnols qui s'y établirent, à cause de la fertilité de son sol et de la richesse de ses mines : on y exploita longtemps celle de Tisengal, qui produisait annuellement plusieurs millions de piastres. Les mauvais traitements et les vexations auxquels les colons étaient exposés de la part du gouvernement espagnol, non moins que les incursions qu'ils eurent à souffrir de nombreux pirates, les forcèrent d'abandonner leurs exploitations et leurs établissements.

Ce n'est que depuis le jour de son indépendance que Costa-Rica a commencé à se repeupler, à se livrer à l'agriculture et à rouvrir ses mines d'or : celles d'argent, de cuivre, de plomb, de fer, bien que très-riches et très-abondantes, n'ont jamais été exploitées jusqu'à ce jour.

L'extension qu'ont reçue depuis lors son commerce, son agriculture et son industrie, grâce à la protection éclairée et bienveillante du gouvernement, indique assez à quel degré de prospérité est appelé Costa-Rica, lorsque se trouveront développées les diverses sources de richesses que renferme le pays.

Après de nombreuses démarches et des frais considérables, une société de capitalistes français, qui sollicitait depuis longtemps une concession de terrains, vient de voir sa demande accueillie.

Par décret, en date du 16 octobre 1849, le gouvernement de Costa-Rica donne en toute propriété à M. G. Lafond, consul général de la République, en France, et à ses coassociés : « Douze lieues de terres labourables, depuis le « bord de la mer, dans la baie du Golfo-Dulce, sur le « Pacifique, jusqu'à l'intérieur, ayant pour limite Punta- « Gorda et la rivière Chiriqui.

« Tous les fleuves, rivières, lacs, montagnes et mines qui « seront dans le périmètre de ces douze lieues, ainsi que les « îles qui existeront vis-à-vis du littoral concédé appartien- « dront également à M. G. Lafond et à ses associés. »

De nouvelles concessions ont été faites à M. G. Lafond, comprenant tous les terrains nécessaires à l'ouverture d'une route entre les deux mers ; ces concessions consistent, en une étendue de terrain d'une lieue espagnole de largeur (soit 6 kilomètres environ), sur tout le parcours de la route, avec les rivières, les criques, les îles et le pont adjacents, dans la baie de Boca del Toro, jouissant des mêmes franchises que celles accordées à la première concession de Golfo-Dulce. Copie des actes, en date du 16 avril et du 15 juin 1850, est déposée chez Me Roquebert, notaire, 71, rue Sainte-Anne, à Paris.

Ces possessions territoriales sont situées sous un ciel tempéré, dans un climat très-sain ; elles sont dans d'excellentes conditions d'exploitations, coupées de cours d'eau, et sur le bord des deux mers.

L'exploitation recevra un grand secours et un utile développement de l'intelligence des indigènes, d'un caractère très-doux et d'habitudes très-laborieuses.

Les terrains concédés renferment des forêts vierges admirables et des montagnes magnifiquement boisées : la végétation y est si florissante, qu'il n'est pas rare d'y voir des arbres d'acajou de 25 à 35 pieds de circonférence, et de 100 à 150 pieds de hauteur.

Au pied des montagnes se trouvent de grandes vallées et des plateaux délicieux coupés par de petites rivières, et le sol constamment arrosé produit en abondance du café, du coton, du sucre, de l'indigo, de la cochenille, du tabac, du maïs, du froment, du riz, enfin tous les fruits et légumes d'Europe et des Tropiques.

Dans la concession se trouvent aussi des mines d'or, d'argent, de plomb, de cuivre et de fer, dont on a rapporté plusieurs échantillons d'une grande richesse. Nous nous bornerons à les noter ici pour mémoire, afin de ne pas présenter des calculs que l'on traiterait peut-être de fabuleux et qui cependant ne seraient que l'appréciation mathématique de richesses minérales reconnues et proclamées de tout temps ; mais nous donnerons la traduction d'une lettre écrite par M. Louis Chéron, agriculteur et voyageur français qui a parcouru les Philippines, la Chine, la Malaisie, l'Inde et l'Amérique, et qui, envoyé sur les lieux, les décrit comme suit :

« A M. le Colonel Rafael Escalante, de San José, capitale de « Costa-Rica : GolfoDulce, 26 mai 1850.

....

« Dans le cours de mes nombreux voyages, je n'ai jamais « vu rien d'aussi beau que le golfe Dulce, et l'imagination la « plus poétique ne peut s'en faire une idée égale en quoi que « ce soit à la réalité. Le golfe se divise naturellement en « deux parties dont la première peut s'appeler *la rade*, et la « seconde, moins étendue, mais pouvant cependant abriter les « flottes les plus nombreuses, peut se nommer le port. Les « bords du golfe du côté de Chiriqui sont formés de hautes « montagnes, tandis que le côté opposé offre de vastes plai- « nes couvertes de grands arbres qui annoncent une végéta- « tion vigoureuse.

« Sur une pointe de sable appelée Punta-Arenita, qui sé- « pare la rade du port du côté des plaines, on trouve une « douzaine de cabanes ou chaumières habitées par une cin- « quantaine de pauvres *Chiricanos* qui cultivent quelques « plantes et racines sur les bords du golfe, pêchent des « perles et récoltent de la salsepareille.

« Le chef politique Don Mercedes Fernandes habite « depuis deux ans au milieu de cette petite peuplade; il m'a « très-bien reçu et s'est prêté avec beaucoup de bonté aux « mille questions que je lui ai faites.

« Le golfe Dulce et particulièrement Punta-Arenita est « très-sain, et depuis que Don Mercedes y réside, il n'a pas « vu un seul malade, et s'y est guéri lui-même d'une affec- « tion fort grave.

« Les cours d'eau sont nombreux dans les environs, et la « chaleur ne me paraît pas excessive, quoique beaucoup plus « forte qu'à San José. Il y pleut, c'est vrai, presque tous les « jours du côté des montagnes, mais du côté des plaines,

« même en hiver, il n'y pleut jamais que modérément, et « dans la saison sèche les pluies y sont suffisantes pour en- « tretenir une végétation presque continuelle.

« La chaleur du jour est rafraîchie par une légère brise « depuis le lever du soleil jusqu'à son coucher, et la nuit « amène avec elle une fraîcheur délicieuse. Enfin, jugeant « d'après tout ce que je vois et ce que j'entends, jamais « aucun lieu du monde n'a offert plus d'éléments de pros- « périté pour une colonie.

La lecture de cet extrait montre combien la belle position du golfe Dulce serait avantageuse pour l'établissement d'un centre commercial et maritime.

Tous les navires qui fréquentent les ports du Chili et du Pérou pourront s'abriter dans cette immense baie, ils y trouveront de nombreux émigrants à transporter en Californie et tout ce dont ils auront besoin pour se ravitailler.

Nous ne devons pas oublier de mentionner pour mémoire les produits suivants que l'on peut réaliser immédiatement, presque sans autres frais que ceux de transport en Europe.

Ces produits sont l'huile de coco, la vanille, le quinquina, la cire, le caoutchouc, les nacres, les perles, les bois de teinture et d'ébénisterie et surtout les bois de construction. Ces derniers, qui sont de toute beauté et se trouvent en grande abondance, offriraient de précieuses ressources à notre marine dans un moment où elle ne trouve plus à s'approvisionner sur ses anciens marchés.

Au centre de la concession, se trouvent, d'un côté, le golfe Boca del Toro, et de l'autre, le golfe Dulce qui renferment deux des plus beaux ports d'Amérique. A un jour du chemin de fer projeté de Panama, à deux jours du canal projeté de Nicaragua et par bateaux à vapeur à 15 jours de la Californie, ces ports obtiendront une importance immense, tant en raison de leur salubrité et de leur sûreté qu'à cause de leur position centrale.

Les négociants de la côte occidentale de l'Amérique centrale allant faire leurs achats à Belize (colonie anglaise sur l'Atlantique) et à la Jamaïque, il résulte pour eux, de ce voyage aussi long que périlleux et coûteux, une perte de temps considérable, un mode d'approvisionnement très-onéreux et souvent de graves maladies à leur retour.

Les ports de la concession, se trouvant à l'abri de tous ces inconvénients, offriront des avantages considérables aux négociants anglais eux-mêmes qui ne seront pas les derniers à y établir des comptoirs, et qu'augmentera encore la route macadamisée qui les reliera entre eux.

Une grande partie de cette route est déjà toute tracée par deux rivières, la Dulce coulant à l'ouest et la Bananas à l'est; il ne faut ni de grands travaux, ni de fortes sommes pour compléter les moyens de communication entre les deux ports. Nous avons donc le droit de penser que l'émigration choisira cette admirable voie de jonction entre les deux mers, et que le flot des colons pour la Californie affluera vers cette partie du continent américain devenu désormais le point central du commerce du monde!

Avantages du passage.

Les navires qui partent soit du Havre, de Liverpool ou d'Anvers, Brême, Hambourg et autres villes du Nord pour la Nouvelle-Orléans, passant souvent par le sud de Cuba, ils trouveront un avantage réel dans la moindre durée des traversées, s'ils vont débarquer leurs passagers à Boca del Toro. L'inspection seule d'une carte géographique prouve que cette différence peut être dans certaines saisons d'une quinzaine de jours en faveur de Boca del Toro. Les retours se feront d'abord en bois de teinture, d'ébénisterie et de construction, en huile de coco, en cire, en salsepareille, en palmiers, gommes, poudre d'or, perles et nacre, puis, à mesure que la colonisation s'étendra, en denrées agricoles de toute nature et en minerais d'argent, cuivre et autres métaux.

L'émigrant en Californie gagnera plusieurs jours en s'y rendant par cette voie : en effet, le voyage par navires à voile est du Havre à Boca del Toro de . . . . 40 jours.

La traversée de l'isthme à pied 5

De Golfo-Dulce à San Francisco 30

Total 75

Mais par bateaux à vapeur, le voyage à Boca del Toro s'effectuera en . . . . 25 jours.

La traversée de l'isthme accélérée . . . . 2 à 3

A San Francisco 17

Total 45

On voit combien cette route est plus courte que les autres.

Le choix de ce nouveau chemin sera en outre déterminé par les plus grandes facilités que les émigrants trouveront à se procurer des terres propres à la culture.

Lorsque les Européens arrivent à la Nouvelle-Orléans, ils ne peuvent avoir immédiatement les terres dont ils ont besoin pour s'établir ; ils sont obligés de s'adresser aux spéculateurs américains qui ont obtenu des concessions des divers États de l'Ouest, et ils payent ces terres assez cher, depuis 4 dollars ou 20 francs l'acre, jusqu'à un prix que nous ne pouvons déterminer, cela dépendant en partie des positions choisies.

S'ils préfèrent traiter avec les États, ils doivent se rendre sur les lieux, où ils sont mis en rapport avec des agents qui, en général, ne font que des concessions très-limitées. Ces terres, au prix de 2 dollars ou 10 francs l'acre, sont à des distances considérables de la Nouvelle-Orléans; les émigrants ont à remonter le Mississipi dans les bateaux à vapeur, et prendre ensuite les diverses routes ou les chemins de fer du Nord et de l'Ouest, ce qui augmente leurs dépenses de plus du double.

Arrivé à la Nouvelle-Orléans, l'émigrant n'est parvenu qu'à moitié chemin, et là les fièvres jaunes et intermittentes, si communes sur les bords du Mississipi, font des ravages terribles parmi les nouveaux arrivés.

A Boca del Toro, ils ne trouveront aucun de ces inconvénients : ils pourront, aussitôt leur arrivée, se placer où ils voudront, sur les bords d'une route qui deviendra en peu d'années le chemin des deux mers et donnera à leurs terres une valeur considérable.

Le émigrants auront la faculté, qu'ils savent en général apprécier, de former immédiatement, par suite des dispositions prises, des villages, des groupes, des familles qui s'aideront mutuellement à vaincre les difficultés d'un premier établissement. Leur arrivée à Boca del Toro met fin à leurs dépenses de transport; ils sont sur les lieux mêmes où ils auront à choisir leurs terres, et la plantation de quelques vivres, l'élève de quelque menu bétail, facilitée par l'extrême fertilité du pays, leur donnera immédiatement les éléments nécessaires de leur alimentation.

Les bestiaux, les bêtes de somme existant en très-grand nombre dans la république de Costa-Rica, et s'y élevant pour ainsi dire sans soins, ils auront là des ressources immédiates inappréciables. Les bois et les cours d'eau étant nombreux, ils auront la possibilité de se créer à peu de frais des habitations spacieuses, indépendamment de celles qui pourraient être fournies suivant conventions.

Climat et température.

Les émigrants qui désireraient rester à Boca del Toro pour y cultiver les produits tropicaux y trouveront un climat des plus sains : la température y est rafraîchie pendant le jour par les brises de mer, et pendant la nuit par les brises de terre.

Il suffit de prendre, dans le commencement, quelques soins hygiéniques des plus simples, comme de ne pas coucher sur la terre humide, et s'abstenir de tous excès, pour n'avoir rien à craindre de l'influence du climat.

Ceux qui préféreront s'établir sur les plateaux élevés des Cordillières jouiront d'un climat tempéré qui peut être comparé au printemps de l'Europe, le thermomètre ne baissant pas au-dessous de 5 degrés au-dessous de zéro et ne montant pas à plus de 18 ou 20 au-dessus (Réaumur).

La meilleure saison pour l'arrivée est la saison sèche qui s'étend depuis novembre jusqu'en avril ou mai, époque à laquelle commence généralement la saison des pluies.

Il ne faut pas croire que cette saison, que l'on appelle hivernage, ressemble à notre hiver européen.

Les pluies et la chaleur constituent, on le sait, la richesse de ces pays, et donnent à la végétation une exubérance que nous ne connaissons pas en Europe. Dans la saison des pluies, elles commencent généralement sur le midi, par averses ou orages, et se continuent jusqu'au coucher du soleil ; dans les intervalles, le temps est clair, le soleil est chaud, et l'atmosphère n'est jamais couverte de brouillards comme en Europe. Les transports par terre sont alors plus difficiles, les routes sont moins bonnes ; mais les travaux ne sont pas pour cela interrompus : on utilise les hautes eaux des rivières et torrents pour amener les bois et les denrées à la côte au moyen de radeaux et de pirogues. Cette saison ne constitue donc pas un hiver proprement dit, comme dans nos climats ; son influence n'est pas à craindre, si l'on prend les précautions que l'on ne négligerait pas même en Europe.

Concession des terres.

Pour encourager l'émigration vers Costa-Rica, le concessionnaire de la route des deux mers s'est décidé à céder des terres aux émigrants aux conditions les plus modérées.

Chaque concession d'un lot de **10** hectares, soit 25 acres ou ***Mausanas***, mesure de Costa-Rica de **100** *varas* de chaque côté, sera faite par M. G. Lafond, à raison de 5 centimes ou **1/00**e de piastre forte espagnole, par chaque are de terrain, soit, pour la quantité de **10** hectares, la somme de **50** francs ou **10** piastres fortes espagnoles de redevance annuelle.

Cette redevance sera toujours rachetable par l'acheteur, à sa volonté, moyennant un capital composé de dix fois la vente, soit 500 francs pour les 50 francs de rente formant le prix du lot. On peut encore traiter de gré à gré en s'adressant au consulat général de Costa-Rica, à Paris.

D'après le décret de concession, les colons et concessionnaires sont exempts de tous impôts directs ou indirects, droits de douane, dîmes, primes, etc., etc., pendant 15 ans, à partir du jour de l'arrivée des premiers colons.

Si, à tous les avantages que nous venons d'énumérer, on ajoute que toute la population de l'Amérique centrale est très-sympathique aux Européens, qu'elle adopte facilement nos goûts, nos idées et nos mœurs ; qu'elle a besoin de nos produits, et que son commerce a jusqu'à ce jour fait défaut à ses besoins intellectuels et matériels, on comprendra l'avenir réservé à des concessions entourées d'autant d'éléments de prospérité et la grande influence qu'elles doivent avoir sur les destinées commerciales de l'Europe.

Il nous reste maintenant à rappeler aux émigrants allant en Californie que le navire arrivant à Boca del Toro aura l'immense avantage d'aborder dans une baie profonde et spacieuse où les navires sont en profonde sécurité ; ils débarqueront dans un pays très-sain, où ils ne ressentiront aucun des inconvénients du climat insalubre de Chagres, ils ne rencontreront pas les difficultés que l'on éprouve à Chagres pour remonter la rivière dans des pirogues dont l'usage est excessivement onéreux à cause de l'affluence toujours croissante des émigrants pour la Californie. La route qu'ils auront à parcourir pourra être faite soit à pied, soit avec des mulets faciles à se procurer, et quand elle sera complétement améliorée, avec des voitures de tout genre dont ils pourraient emporter d'Europe les premiers éléments, qui sont les roues et les essieux, ils trouveront à leur arrivée tous les bois nécessaires pour en achever la construction.

P. S. — Depuis la publication de la *Revue des Intérêts maritimes*, de nouvelles lettres de M. Louis Chéron sont venues confirmer tous les détails donnés dans sa première :
« L'entrée du golfe, dit-il, est large de quatre à cinq lieues, et
« son intérieur offre une étendue de dix à douze lieues d'une
« rive à l'autre. Le passage de la rade dans le port présente
« une largeur de deux à trois lieues ; je n'y ai trouvé aucun
« indice d'écueils ni de roches cachées.

« Il y a onze brasses d'eau dans le port, tout près de
« terre. »

D'un autre côté, le *Colonial Magazine* de septembre 1850

renferme un article par **M.** Georges Fyler sur la question du grand canal de Nicaragua, dans lequel il prouve que le monde commercial devra attendre encore longtemps l'ouverture d'un canal à Nicaragua ou d'un chemin de fer à travers l'isthme de Panama, les compagnies qui s'étaient formées pour effectuer ces travaux gigantesques étant en pleine dissolution.

www.ingramcontent.com/pod-product-compliance
Lightning Source LLC
LaVergne TN
LVHW012023170826
845678LV00004BA/1610
9782329631837